1. Auflage 2020
Copyright © 2020 Gerstenberg Verlag, Hildesheim
Alle Rechte vorbehalten
Text und Illustration: Thomas Müller, Leipzig
Litho: Schwab Scantechnik, Göttingen
Druck: TBB, a.s., Banská Bystrica
Printed in the Slovak Republic
www.gerstenberg-verlag.de
ISBN 978-3-8369-6046-5

Thomas Müller

Ein Jahr mit den Kranichen

Es ist ein kalter Tag Anfang März. Im Morgennebel werden nach
und nach zwei große Vögel sichtbar, die seltsame Bewegungen
vollführen. Sie springen umher, schlagen mit den Flügeln und
drehen sich im Kreis – sie tanzen.

Ein Kranichmann wirbt um seine Frau. Obwohl die beiden schon seit drei Jahren zusammen sind, vollziehen sie jedes Jahr das gleiche Ritual. Beide Partner bewegen sich in vollendeter Harmonie, sie wirken wie zwei Balletttänzer. Und sie tanzen nicht nur gemeinsam, sie trompeten auch im Duett.

Dieses Ballett findet in der Paarung der beiden Vögel seinen Höhepunkt und Abschluss.

Auf einer kleinen Anhöhe des sumpfigen Gewässers, dort, wo
das Wasser etwa knietief ist, bauen die Kraniche ihr Nest.
Dafür reißen sie mit ihren langen, spitzen Schnäbeln in der
nächsten Umgebung Gras, Binsen und Schilf ab und schichten
alles zu einem großen Nest auf.

Kurz nach Fertigstellung der Niststelle legt das Kranichweibchen
im Abstand von wenigen Tagen zwei Eier. Ein Elternvogel ist nun
immer im Nest. Behutsam werden die Eier beim Brüten immer
wieder gedreht, sodass sie von allen Seiten gewärmt werden.
Beim Brüten wechseln sich die Eltern ab, damit beide auf Futter-
suche gehen können.

Nach vier Wochen schlüpft das erste Küken. Als sich das zweite wenig später anschickt, die Eischale von innen aufzupicken, hilft ihm die Kranichmutter. Mit einem vorsichtigen Tritt zerbricht sie die Schale und erleichtert ihrem Nachwuchs so den Weg ins Leben.

Bereits am nächsten Tag können die Kranichküken stehen. Sobald sie sich sicher auf ihren langen Beinen bewegen können, führen die Eltern ihre Jungen vom Nest weg, um gemeinsam nach Nahrung zu suchen. Zum Glück gibt es in der sumpfigen Landschaft reichlich Insekten, Würmer, Larven und Schnecken. Nur zum Übernachten kehrt die Kranichfamilie von ihren Ausflügen zum Nest zurück.

Die Eltern sind aufmerksam darauf bedacht, ihren Nachwuchs vor jeder Gefahr zu beschützen. Die spitzen Schnäbel der Vögel können eine gefährliche Waffe sein, vor der ein hungriger Fuchs lieber die Flucht ergreift.

Nach zehn Wochen sind die Jungen ausgewachsen und können fliegen. Sie sind an ihrem bräunlichen Gefieder noch deutlich zu erkennen. Im September sammeln sich die Kraniche der ganzen Gegend auf den umliegenden Feldern, um so viel wie möglich zu fressen und sich für den bevorstehenden weiten Flug zu stärken.

Einer der Kraniche beginnt zu trompeten und die anderen stimmen mit ein. Wie auf ein geheimes Zeichen erheben sich nach und nach alle Vögel in die Lüfte und starten gemeinsam Richtung Süden in ihre Überwinterungsgebiete. Immer wieder rufen sie, um auf ihrer Reise in Kontakt zu bleiben und sich nicht zu verlieren.

Den kräftezehrenden Flug bewältigen sie in Etappen. Von Deutschland aus führt sie ihr Weg über Frankreich bis nach Spanien. Ihre Aussicht dabei ist atemberaubend: Felder, Berge, Seen und Flüsse überfliegen sie mühelos in einer Höhe von bis zu 2000 Metern und mit einer Geschwindigkeit von 45 bis 65 Kilometern pro Stunde. Unterwegs machen sie immer wieder Rast.

Nach einer Reise von etwa zwei Wochen erreichen unsere Kraniche Südspanien, ihre zweite Heimat. In der Extremadura, einer weiten Graslandschaft, verbringen sie den Winter, der hier angenehm mild ist. Dort finden sie reichlich Nahrung und treffen auf alte Bekannte, die ebenso wie sie der kalten Jahreszeit entflohen sind.

Nach fünf Monaten unter spanischer Sonne mahnt die innere Uhr der Vögel zum Aufbruch. Es ist Zeit, den Rückflug anzutreten. Erneut sammeln sich die Kraniche mit schmetternden Trompeten- rufen für die gemeinsame Reise – diesmal zurück zu ihren Brut- gebieten im Norden.

Ende Februar kehren die Kraniche als erste Frühlings-
boten zurück und am Himmel sind wieder die typischen
v-förmigen Flugformationen zu erkennen. Während die
meisten Kraniche im Windschatten der anderen fliegen
können, ist es für den Vogel an der Spitze besonders
anstrengend. Deshalb wechseln sie sich regelmäßig ab.

In den alten Brutgebieten beginnt nun wieder der Tanz der Kraniche. Noch unterscheiden sich die Jungvögel von den Elterntieren. Doch schon im nächsten Jahr werden auch die Jungen das prächtige Federkleid tragen und sich einen Partner suchen, mit dem sie ein Kranichballett voller Anmut und Schönheit aufführen.

Wissenswertes

Der Graue Kranich, unser größter einheimischer Vogel, ist der einzige Vertreter der Familie der Kraniche in Europa. Männchen und Weibchen sind äußerlich kaum voneinander zu unterscheiden. Beide haben einen auffällig gefärbten Kopf: Stirn und Hals sind schwarz-weiß, die federlose Kopfplatte ist leuchtend rot. Breitet ein ausgewachsener Kranich seine fast zweieinhalb Meter breiten Flügel aus, zeigen sich die verlängerten Schmuckfedern, die sonst wie eine Schleppe über den Schwanz hinweghängen. Bei den Balztänzen werden sie buschig aufgestellt und lassen den Vogel noch größer erscheinen.

Die Brutgebiete der Vögel liegen vor allem im Nordosten Europas und Asiens. Bei uns in Deutschland gibt es etwa 9000 Brutpaare. Als Zugvögel gelangen Kraniche auf verschiedenen Routen in ihre Überwinterungsgebiete. Vor dem Abflug sammeln sich die Vögel oft zu Zehntausenden – ein einzigartiges Naturschauspiel, bei dem wir sie in ihren Rastgebieten in Norddeutschland oder an der Ostseeküste in Mecklenburg-Vorpommern besonders schön beobachten können. Quer durch Europa ziehend, finden viele Kraniche in Frankreich und Südspanien ihr Winterquartier. Ein kleiner Teil fliegt weiter bis nach Nordafrika.

Kraniche können über 20 Jahre alt werden, in Gefangenschaft sogar bis zu 40 Jahre.

Weil brütende Kraniche so wachsam und mutig sind, galt der Vogel früher als Symbol für Wachsamkeit, Mut, Klugheit und Vorsicht. Seine Schönheit und seine einzigartigen Balztänze haben die Menschen aller Zeiten fasziniert. Der „Vogel des Glücks", wie er auch genannt wird, findet sich in Märchen, Gedichten und Liedern und auf Bildern, Münzen und Wappen wieder.

Diese vier großen Vögel werden wegen ihrer
Stelzenbeine und der ähnlichen Lebensweise
zu den Schreitvögeln gezählt. Kranich, Storch
und Reiher sind aber nicht miteinander
verwandt:

Der JUNGFERNKRANICH ist
etwas kleiner als der Graue Kranich
und aus der Ferne schwer von ihm
zu unterscheiden. Er lebt in Südost-
europa und überwintert in Afrika.

Im Flug hat der FISCHREIHER im Unterschied
zu den anderen drei Vögeln seinen langen Hals
stark s-förmig angezogen. Der Reiher ernährt sich
von Fischen, Lurchen und Mäusen. Manchmal
ist er sogar an Wasserstellen mitten in Städten
anzutreffen.

Der unverwechselbare WEISSSTORCH ist anders
als der Kranich ein Kulturfolger und nistet mit
Vorliebe in der Nähe des Menschen. Auf Wiesen und
Feldern sucht er seine Nahrung – Frösche, Insekten,
Mäuse, Eidechsen und Schlangen.